Antonino Gomes Paixão

Apenas uma proposta de paz definitiva para a Guerra da Ucrânia

A Economia Política em Debate

2023

Apenas uma proposta de paz definitiva para a Guerra da Ucrânia

Antonino Gomes Paixão

A Política Econômica em Debate

Este trabalho é uma continuidade da obra "A Guerra da Ucrânia: os verdadeiros motivos de sua eclosão". Do mesmo autor, publicado pela Amazon, em 2022

2023

Paixão, Antonino Gomes

     Apenas uma proposta de paz definitiva para a Guerra da Ucrânia

    Cuiabá, 2023.

1. Rússia; 2. Ucrânia; 3. OTAN; 4. CIA; 5. Guerra; 6. Paz

Sumário

1 Introdução

O Neoliberalismo, segundo John Kenneth Galbraith, é uma ficção. Segundo esse mesmo economista, "Neoliberalismo não existe, o neoliberalismo simplesmente foi uma invenção de nós americanos para tomarmos o controle total do mundo". De fato, acreditar que existe liberdade de atuação, de ações multilaterais e de reciprocidade no mercado mundial, é o mesmo que acreditar em mula sem cabeça, Saci Pererê, duendes verdes e por aí vai.

Se isso fosse verdade, não existiriam monopólios, oligopólios, monopsônios, oligopsônios, conluios, lobbys, aonde empresas procuram destruir econômica e moralmente outras indústrias, como foi o caso da Huawei, empresa chinesa e líder global de tecnologia de soluções de informação (TIC), perseguida pelo governo dos EUA e acusada de fazer espionagem para o governo chinês, diga-se de passagem, informação sem sentido; derrubam presidentes, destroem nações e promulgam a desgraça por onde passam.

Tal política econômica monetarista, camuflada de "neoliberalismo", colocada goela abaixo das nações lacaias dos Estados Unidos, é vigente praticamente em todo o Planeta, à exceção da China, da Rússia, e de certa forma do Irã, países esses demonizados ainda hoje, pelas suas escolhas político-econômicas do passado, que resolveram tomar caminho diferente, procurando investir em novas tecnologias de ponta e no desenvolvimento da Economia respectiva dessas nações, via produção de mercadorias cada vez mais inovadoras e sofisticadas, além da criação, fortalecimento e desenvolvimento do mercado interno, seguindo fundamentos da Economia Política e Empresarial Puras, deixando o G-7 no ralo.

Essa escolha, colocou tanto a Rússia na área bélica quanto a China, na vanguarda, deixando o resto do mundo que seguiu o modelo econômico estadunidense centrado no controle e na movimentação apenas e tão somente da moeda, e de incentivos a monopólios e oligopólios imperialistas, via apropriação, da produção, na bancarrota.

Para os Economistas puros que são versados tanto nos fundamentos da Economia Política quanto na Empresarial, em oposição aos ditos "economistas caçadores de inflação", (monetaristas), isso não é novidade visto que, controlar moeda e aplicar dinheiro em bolsas de valores não geram riquezas, mas apenas especulação. fato esse que, provoca a eclosão de um encadeamento especulatório intenso, o que as torna caras no mercado, devido aos juros que se elevam, inviabilizando a produção e gerando um processo de entesouramento excessivo resultando na inflação monetária, ou inflação inercial e na destruição total do mercado de riquezas.

A consequência do processo de entesouramento excessivo é a inviabilização do desenvolvimento econômico, gerando desemprego além de colocar o país na dependência das falcatruas internacionais, deixando-o numa posição de fragilidade total, em relação aos acontecimentos no mercado externo.

Nesse contexto, atualmente, a única salvaguarda dos Estados Unidos é a moeda estadunidense, que é de circulação global, no caso, o Dólar, mas que já tem seus dias contados se a China, a Rússia e seus aliados, criarem uma nova moeda de circulação mundial.

Esse horizonte mais que catastrófico para a Nação Ianque motivou a CIA, a mando dos magnatas estadunidenses, que se encontram com risco iminente de perder bilhões ou trilhões de dólares em seus negócios escusos e mal planejados pelo mundo todo, o que pode joga-los na miséria total, a agir de maneira intensa, criando políticas agressivas de toda natureza possível contra as nações rebeldes, no caso, a Rússia, a China, o próprio Irã e os países que formam o acordo entre Brasil, Rússia, China, Índia e África do Sul – BRICS, que se for levado a cabo e se transformar em atividades econômicas operacionais entre esses países, será o caos para os Estados Unidos e seus cupinchas do G-7, decretando o seu fim visto que, o BRICS movimenta 80% da riqueza natural e até 70% dos produtos de alta tecnologia, deixando os demais à deriva. É nesse cenário que é tratada aqui a Guerra Ucrânia.

Como contraponto a esse estado de coisas, o autor elabora uma proposta de paz definitiva para a Guerra da Ucrânia e que é apresentada a seguir.

2 Os mais diversos ardis adotados pelas elites hegemônicas para se consolidar no poder pelo Mundo.

Esse trecho do presente trabalho foi extraído da obra: "A Guerra da Ucrânia: os verdadeiros motivos de sua eclosão". Do mesmo autor, publicado pela Amazon em 2022.

No transcorrer dos capítulos de sua obra "A Riqueza das Nações", no Livro III ou IV desse trabalho, Smith faz uma averiguação se valia a pena para uma nação hegemônica como a Inglaterra, manter colônias nos mais variados cantos do Planeta sob seus grilhões. Para esse autor, os custos de manutenção dessas possessões distribuídas pelo mundo eram muito elevados para a Coroa Britânica.

Isso porque, além de proteger os colonos internamente contra as ameaças hostis das populações nativas desses domínios, a Inglaterra tinha ainda que lhes dar todo tipo de suporte relativos à criação da infraestrutura básica para garantia da proteção dessas colônias como: segurança, transporte, regulação do comércio, saúde, necessários para mantê-los satisfeitos com tal submissão, inclusive contra invasões de outras nações, ataques de piratas, o que envolvia gastos com suprimentos, soldados, armamentos e suporte financeiro de toda natureza.

Para Smith, muitas dessas colônias não pagavam metade dos gastos realizados pela Inglaterra para mantê-las com todas as regalias necessárias, visando conter inclusive, possíveis revoltas impetradas por grupos de colonos, o que envolvia guerras por independência de tais revoltosos que, a partir de determinado ponto, passavam a não aceitar mais, as imposições impetradas pela hegemonia política e econômica da Coroa Britânica sobre suas ações.

De uma maneira geral, eram essas as obrigações que recaiam sobre as nações que quisessem manter colônias distribuídas por todos os continentes da Terra. Essa, na realidade, era uma espécie de colonização primitiva, que imperava no processo de dominação dos países europeus sobre as demais possessões da Terra.

Com o objetivo de eliminar as dificuldades com a manutenção de colônias distribuídas pelo mundo, visando minimizar gastos, as Nações centrais mudaram o procedimento quanto ao processo de colonização dos países do terceiro mundo, para poderem ter controle, a todas as matérias primas oferecidas por esses, através do neocolonialismo.

Assim é que, ao invés de impor uma política de dominação total, bastava apenas e tão somente, dominar os 1% das castas mais ricas, e deixar que os próprios países na condição de "independentes politicamente", assumissem todos os gastos com sua própria manutenção, no âmbito econômico e social.

Dessa forma, além de terem de se responsabilizar pelo controle de todas as matérias-primas a serem repassadas às elites dos Estados hegemônicos, os próprios países, representados pela sua população sob o domínio das castas mais ricas, no caso, os 1% da população dessas nações, teriam que tratar de se defender das possíveis invasões ou conflitos de toda natureza, tanto interno quanto externo, por sua própria conta, assumindo todos os gastos com os recursos bélicos, financeiros, de material humano, alimentícios e de saúde.

Nesse contexto, ao se libertarem das obrigações impostas pela implantação do regime de colonização primitiva, as próprias nações hegemônicas poderiam obter ganhos de toda natureza, na forma até de superlucros, com vendas de armamentos, empréstimos financeiros, vendas de maquinários obsoletos, suprimentos, além de garantir o processo de apropriação das riquezas naturais das neocolônias, o que é o melhor de tudo.

Essa nova modalidade de dominação, fez com que os países centrais reformulassem suas respectivas estratégias de dominação, eliminando de vez o regime de colonização primitiva e adotando o sistema de colonização fragmentada, dando independência parcial na seara "política", via controle de toda forma de "governo" desses pseudopaíses, ao mesmo tempo que mantinham a imposição de dependência econômica e social para os agora, semipaíses "independentes".

Vale frisar que, foi assim que a Inglaterra, e agora, os Estados Unidos, ampliaram suas respectivas hegemonias econômicas e bélicas sobre o mundo, por fornecer todos os recursos em armamentos, maquinários, financeiros, alimentícios que os pseudopaíses envolvidos nas guerras internas e externas travaram, e ainda travam, ao longo do desenvolvimento do império protestante, no caso, o Grupo das Setes Potências - G7, pelo Planeta.

É esse tipo de diagnóstico político-econômico, que permitiu ao Papa Francisco, atribuir ao novo processo de dominação total do Planeta, definido como "Neoliberalismo", pelos defensores do Neocolonialismo, como forma de correção das possíveis dificuldades existentes no colonialismo primitivo, que era caracterizada pela dominação total das potências hegemônicas da Terra sobre as nações subalternas, visando resolver o problema dos custos de manutenção elevados, detectados pelo senhor Adam Smith.

Além do mais, no "Neoliberalismo", digo; Neocolonialismo, tudo que esses 1% mais ricos das castas existentes nos países dominados ganham, em termos de benefícios financeiros das grandes potências, voltam para o mercado dos países centrais, devido ao fato de que, praticamente tudo que essas classes milionárias ganham, elas gastam nos mercados das nações abastadas, investindo em imóveis (ver Miami, na Flórida, por exemplo), empresas de fachada, o que faz enriquecer tais economias acima do normal, e aquecer as atividades econômicas dessas potências, gerando altos lucros às classes empresariais desses países, por meio da velocidade de circulação da moeda no interior de seus mercados. É isso que se vê no movimento batizado pelo governo estadunidense chamado de "consumismo americano", por exemplo. De qualquer maneira e por todos os meios, essas ações estratégicas praticadas pelas elites centrais, se tornam um sucesso total que podem ser analisados sob todos os aspectos. Exemplos dessa natureza é que se passa a exibir a partir de agora.

Assim é que, esse quadro caótico, criado pelos pseudofilosofos renascentistas, iluministas e protestantes, além dos pseudoeconomistas, ou economistas protestantes, base de pensamento em Ricardo e Fisher (ver os pseudoeconomistas ricardianos e monetaristas de Chicago), estes últimos, lacaios do governo, como os acusa o senhor

Blaug (2016, p. 18), se tornaram atualmente, os defensores dos interesses estadunidenses e do G7, pelo mundo.

Nessa condição, tal *status quo,* traz, na condição de vítimas dessas barbáries, como não poderia deixar de ser, ao longo da história: a religião muçulmana, que não admite infiltrações estranhas no seu meio; a igreja Católica, que defendia e ainda defende a veneração da santidade, via sentimentos de caridade, do amor e do perdão entre os povos; a definição do negro e do trabalhador, respectivamente, como raça e indivíduo inferiores, taxados de ignorantes, e por isso, considerados como meros serviçais; o comunismo, atacado como pensamento demoníaco, (os novos anticristos), diretamente confundido com medidas de gestão econômica e social, implantadas por Stalin na URSS, por esse não aceitar a presença da Igreja Católica e de seitas protestantes - que são pontos de infiltração de atos de espionagem corriqueiros praticados pela CIA e antiga Scotland Yard -, no seu interior.

Ressalta-se que, a exclusão da presença da Igreja Católica e de seitas Protestantes da União Soviética, deve-se à facilidade de infiltrações no interior dessas, realizadas de forma recorrente pelos espiões ocidentais (ver como exemplo: escândalo do Wikileaks fundado pelo senhor Julian Assange, contando com as denúncias do senhor Edward Snowden, principalmente sobre o Brasil, no governo Luís Inácio Lula da Silva) que são promotores de agitações e todo tipo de badernas, que poderiam ser insufladas, visando desmoralizar o regime implantado nesse País, muito bem diagnosticada e combatida com eficiência, pelo seu então líder maior, senhor Joseph Stalin, na época.

Vale dizer que, tão logo essa estratégia foi abandonada, a partir do governo de Mikhail Gorbatchov, na década de 80 do século passado, aconteceu no interior dessa Federação, o que o senhor Stalin mais temia, que foi a intensificação da espionagem e da compra de dirigentes soviéticos, como Boris Yeltsin, por exemplo, que marcou a derrocada desse regime.

Devido a tais infiltrações, o regime socialista de comando centralizado da URSS entrou em colapso e foi eliminado, via implantação do Golpe Político contra o senhor Gorbatchov, por Boris Yeltsin, um indivíduo com tendências esquizofrênicas, psicopata, e alcoólatra, treinado e apoiado pela CIA, para assumir o poder maior, desse agregado de Nações.

De fato, não existe meio mais econômico, eficiente e rápido com sucesso total garantido, para a implantação da discórdia e o alcance dos interesses almejados numa comunidade de pessoas, do que a da demonização e do estabelecimento da divisão entre as castas.

Para isso, basta que essas sejam analfabetas políticas e perpetuem nessa condição, desejo esse cultivado e venerado pelos detentores de grandes fortunas, para se verem livres de pressões sociais, motivo pelo qual se exclui do ensinamento e da culturalização dessas classes, as disciplinas que os ensinam a pensar, tais como: a filosofia, a economia política e a sociologia, dentre outras, de cunho social.

É por isso que tais estudos são banidos dos ensinamentos na formação educacional e da cultura das castas consideradas "inferiores". Assim, elas aprendem apenas a serem reprodutoras de peças no interior das fábricas, e de ideias, tais quais papagaios, sem nenhum critério de lógica racional e cultural, como se tem visto na sociedade global atual, onde ninguém consegue ver a realidade que justificou a implantação da Primavera Árabe impetrada pela CIA, no norte da África e no Oriente Médio, os golpes de Estado na América Latina e na Eurásia, contra os líderes dessas nações via Lawfare (sentença antecipada), citando o Governo Dilma Roussef, no Brasil, como exemplo, inclusive a Rússia, via ações de seu maior protagonista, o bacharel em Direito e youtuber de nome Navalni, dentre outros.

Na verdade, diante da impossibilidade dos Estados Unidos, decorrentes de suas medidas desastrosas no campo econômico, que resolveu seguir as propostas impetradas pela política econômica monetária do Neoliberalismo, depois da derrocada do Bloco Soviético, a partir de 1989, marcada pela queda do Muro de Berlim, durante o Governo Reagan nos Estados Unidos e Margaret Thatcher na Inglaterra, esse País (os EUA), se viu obrigado a criar políticas de contenção e destruição dos regimes adotados por Putin na Rússia, e de Xi Jinping na China, que já estavam em estágio avançado no processo de retirada dos EUA da supremacia Econômica Global, pela China, e militar pela Rússia, em termos de estratégias revolucionárias no sistema econômico mundial (ver: a nova rota da seda implantada pela China, o avanço tecnológico das empresas chinesas, como é o caso do Tik Tok e da Huawei; a criação dos BRICS formado pelo Brasil, Rússia, Índia, China e África do Sul) e a revolução tecnológica-militar da Rússia, destacada pela criação dos mísseis Kinzhal, Sarmat, dentre outras tecnologias militares inovadoras.

A estratégia, depois de dolarizada a economia imposta pelos Estados Unidos aos seus parceiros comerciais da Europa (ver Tratado de Breton Woods), que estavam destroçados pela Segunda Grande Guerra Mundial, era fortalecer ainda mais essa moeda, via apropriação de grande quantidade do petróleo existente nos países do terceiro mundo, por meio da implantação da Primavera Árabe, estocando-os em seus armazéns para lastrear a moeda estadunidense, e depois, vende-los na Europa, durante o desenrolar da Guerra da Ucrânia, a ser instigada pela CIA, que se daria, e se deu, através da provocação de Putin a fim de incitá-lo a invadir seu país vizinho e coirmão, no caso, a Ucrânia.

O objetivo final, que representaria um sucesso total da estratégia estadunidense, via CIA, além de eliminar Putin, era lucrar de maneira extraordinária com a desgraça espalhada na Europa Ocidental, além de recuperar e consolidar de vez, a hegemonia estadunidense no mundo, sem contar, reter o avanço da Alemanha que é um inimigo histórico de sua protegida, no caso, a Inglaterra, na Europa, via desmantelamento do acordo energético entre a Rússia e a Alemanha, por meio da destruição da tubulação da Nord Stream, que liga a Rússia à Alemanha, atrasando seu desenvolvimento por, no mínimo, 15 anos. Visando atingir esse padrão de dolarização, os EUA precisavam destruir os regimes dos governos que eram barreiras ao seu jogo de interesses no mundo.

Na realidade, embora já antigas, a CIA se utilizou de estratégias diversas no continente latino americano. Por exemplo, enquanto nos demais países sul americanos prevaleceu a propagação de notícias falsas (fake News), na Bolívia de Evo Morales, essa entidade estadunidense se utilizou de golpe de Estado, visto que, Morales era um candidato imbatível nos meios democráticos.

Esse candidato ganhou os dois pleitos eleitorais no seu País, no primeiro e no segundo turno, o que lhe dava o direito de voltar ao poder. Impaciente com essa situação, visto que os candidatos de "esquerda" ganhavam cada vez mais espaço no meio político, a Central de Inteligência Estadunidense - CIA, impetrou o Golpe de Estado utilizando-se dos "candidatos de direita" bolivianos, verdadeiras cobaias de seus interesses, para impedir os avanços e os acordos de desenvolvimento da República Boliviana com a Rússia de Vladimir Putin. Quando, durante esse ato, os direitistas saquearam o banco central boliviano, mataram centenas de cidadãos desse país, principalmente os descendentes de indígenas, além de cancelarem todos os acordos econômicos entre essa República e a Rússia, o que fez Elon Musk publicar em seu Twitter que "a elite estadunidense dava golpe em quaisquer partes do mundo que ela quisesse".

Na Venezuela, inconformados com os avanços do candidato de "esquerda" senhor Nicolás Maduro, que insistia em não abandonar as políticas de libertação imposta por Hugo Chávez, os Estados Unidos confiscaram as reservas de petróleo desse país, ainda no próprio subsolo, mesmo antes de serem extraídos. Nação venezuelana essa que, diga-se de passagem, tem as maiores reservas de petróleo de primeira qualidade do mundo.

Não contentes ainda com seus artifícios, o Governo de Donald Trump, se apropriou das reservas de ouro que a Venezuela tinha em seus bancos, sendo acompanhados pelo seu "fiel escudeiro", a Inglaterra, que tratou de surrupiar também a outra parte dos recursos em ouro, que Nicolas Maduro mantinha em suas unidades bancárias. Não satisfeitos de se apropriarem da riqueza aurífera dos venezuelanos, depositadas em seus bancos, os Estados Unidos ainda se apropriou das instalações da PDVZA, empresa petrolífera venezuelana, instalada no território ianque.

Para fechar o ato com êxito total, a CIA ainda estava com o interesse de induzir a América do Sul a um conflito bélico, por meio de um incentivo ao Brasil, de Bolsonaro, e a Colômbia, de Ivan Duque, candidatos de "direita", subalternos dos interesses dos Estados Unidos, a invadir a Venezuela, com o objetivo de "depor Maduro", fato esse que não aconteceu porque, Maduro, com medo do conflito armado recorreu ao Presidente Vladimir Putin, da Rússia, para conter a possível beligeração armada, o que, se ocorresse seria uma catástrofe para toda a América Latina, e que, por conseguinte, induziria os Estados Unidos, com o objetivo de garantir a "paz", a instalarem suas bases militares por toda a América Latina, o que consolidaria as propostas de perpetuação da Doutrina Monroe, que afirma que a "América é para os estadunidenses". Assim, coube a Putin, mais uma vez, da mesma forma que ocorreu na Síria e em outras nações euroasiáticas como o Paquistão e a Bielorrússia, citando como exemplo, garantir a paz, a soberania e a autonomia do Estado Venezuelano.

O fato é que, mesmo sem a incorrência desses três países, Colômbia, Brasil contra a Venezuela, em guerra, a mando dos Estados Unidos, fazendo-se repetir os enlaces bélicos na América do Sul da Guerra do Paraguai, a Venezuela ficou fadada ao colapso total e ao desespero de Maduro, que passou a ser tratado de "tirano", "ladrão", "corrupto" e "assassino", e da própria população Venezuela, que se viu sem rumo e se esparramou por todas as Américas: do Norte, do Sul e Central, com fome, sede, sem rumo e na miséria total.

Foi por esse motivo crucial que os Estados Unidos, via CIA, começaram uma campanha de difamação e pressões sobre os governos desses países, espalhando através desse órgão terrorista legalizado, e das ações de notícias falsas (Fake News), emanadas do grande marketeiro Steve Bannon, que provocaram um pandemônio na estrutura governamental dessas nações, visando desestabilizá-las, política e economicamente, para destruir de vez suas lideranças.

Essa técnica é comumente adotada e sempre foi implementada, reiteradas vezes, pelos grandes tiranos porque, enquanto as castas brigam por credo, cor de pele, *status* ou hierarquia social, as grandes fortunas se apropriam das riquezas e se consolidam no poder, utilizando-se da prática de estratagemas, sabotagens, atos nocivos e lesivos ao Estado, tornando-o refém de seus interesses.

Nesse contexto, diante do novo cenário propagado pela reforma protestante e disseminado pelos pseudofilosofos iluministas da Inglaterra, positivistas, ateus e outros mais, atendendo aos interesses do imperialismo inglês, e depois estadunidense, até "deus" entrou na confusão, onde configurou-se uma nova imagem para esse "deus de interesses diversos". Isso é exposto, para apimentar mais o negócio, vale ressalvar.

De um Deus Onipotente, Onipresente, Onisciente e verdadeiramente justo, dotado do amor, da caridade e do perdão propagado pela Igreja Católica, surgiu um deus frágil, injustiçado, carente, que precisava e ainda precisa, de socorro imediato de seus seguidores concupiscênicos, para conseguir se impor no meio, e sobreviver, diante de todas as "ameaças e perseguições", impondo através de seus seguidores, um verdadeiro estado de baderna, devaneios, calamidades e perseguições, esparramados pelo mundo.

Então, essa demência parte do princípio de que, esse "deus" para ser amado, respeitado e justiçado tinha que ser protegido, ter seu nome elevado, e para isso, seus fiéis deveriam vinga-lo de qualquer maneira e punir exemplarmente os hereges, sob todos os pretextos e de todas as formas, manias e divagações, possíveis.

Assim, "estando sob a proteção das asas do altíssimo", matar, extorquir, invadir, pilhar, massacrar camadas de populações inteiras de "hereges" passou a ser natural, uma medida preventiva e punitiva, que tinha e ainda tem, por objetivo, resguardar os interesses dos seguidores de "deus" e da "palavra", gravada "à sua maneira" na "bíblia", uma vez que, cada religião "cristã" produzida na cabeça dos seus "fieis", passou a ter o seu próprio texto "bíblico", depois de Lutero.

O negro, em sua infinita maioria por ser pobre, ignorante e disseminar seitas nocivas aos preceitos da palavra, tinha que ser doutrinado, convertido e por isso, era classificado como raça inferior. Os muçulmanos eram contra a ordem de "Cristo", e por isso, deveriam ser considerados hereges. Os judeus, também, por matar Cristo, deveriam ser punidos pelas suas ofensas à ordem do Messias. Os trabalhadores por serem vagabundos, são rebeldes a serem doutrinados, agrilhoados e vigiados, nem que seja na base do ferro e fogo, para continuarem gerando lucros abusivos para seus patrões.

Nesse tipo de frenesi paranoico, estabelece-se uma verdadeira guerra de cegos, aonde os únicos que enxergam a baderna, administram e direcionam os acontecimentos, de acordo com seus interesses, são os verdadeiros articuladores do jogo, no caso, os 1% da população, aonde estão enfurnados os multimilionários que se autodenominam "elites" das nações hegemônicas, bajuladas, em troca de favores pelas castas milionárias, no caso, os intermediários, dos países pobres.

Essa espécie de estratégia assemelha-se muito, aos artifícios criados pelos ladrões que decidem invadir uma casa cheia de cães raivosos e altamente treinados. Nesse caso, os gatunos sabem que, todos os cães, em que pese sejam altamente treinados e raivosos, têm um ponto fraco em comum.

Esse ponto fraco, é o descomedido desejo pelo sexo da cadela no cio. Sabendo disso, os meliantes pegam um lenço de algodão, o passam no sexo da cadela no cio, e o joga no canto do quintal da casa, objeto do crime a ser praticado, isso para os cães se aproximarem e se deleitarem com tal odor.

Ao ficarem totalmente entregues ao cheiro do sexo da cachorra contido no lenço, tais cães perdem o controle e o interesse por tudo o que está à sua volta. Enquanto os cachorros guardiões sucumbem nesse tipo de desejo incontido, os ladrões invadem e roubam a casa, tirando-lhe todos os pertences que encontram pela frente, sem serem incomodados. Tal estratégia é infalível e, portanto, extremamente eficiente.

Esse tipo de procedimento estratégico adotado pelos ladrões, é muito semelhante, porque não dizer igual, ao que as altas classes sociais que se autodenominam "elite", tomam ao subjugar as classes sociais que estão mergulhadas na ignorância política, econômica e social, imediatamente abaixo, no deslinde do padrão econômico e social.

A título de exemplo, foi com esse objetivo e pretensão que a CIA arquitetou todo o golpe e o levou a cabo pelas mãos das forças armadas do Brasil, durante o Golpe Militar de 1964, e repetido no novo golpe de 2016, devastando a infraestrutura econômica e social do País, tendo camufladas suas ações, pelas articulações da mídia, também nesse caso, analfabeta política, entreguista e interessada no dinheiro apenas, que corre de maneira livre e fácil, nesses momentos de convulsão social. Em tais casos atípicos, ou já típicos em nossos dias, a calamidade social é meticulosamente planejada, articulada e orquestrada pela "elite" dominante, momentos esses em que ela mais se enriquece.

Nesses dois golpes praticados pelas elites centrais, para impedir o crescimento e a formação da riqueza do Brasil, a Economia Política e Empresarial Puras deste País, foi totalmente dizimada.

Em decorrência do Golpe de 1964, a capacidade produtiva e o poder aquisitivo da população brasileira, se viu reduzida aos mesmos patamares dos idos da República Velha. Já no segundo Golpe, o de 2016, onde o Brasil perdeu no mínimo, uns 200 bilhões de dólares de sua infraestrutura produtiva e social, incluindo o petróleo do Pré Sal, o desmonte proposital da Petrobrás, da mesma forma que ocorreu com a Vale do Rio Doce, no governo FHC, a perda da Barreira de Alcântara para os Estados Unidos, a apropriação da tecnologia da Embraer, dada pela falsa venda dessa empresa para a Boeing, isso fez com que a sua economia tenha voltado aos mesmos níveis da Década 70, período ocorrido logo após o primeiro Golpe de Estado de 1964.

Tais enunciados fizeram com que, o ex-presidente, senhor Jair Bolsonaro, com todo seu devaneio, por conhecimento ou por intuição, afirmasse que, "os economistas" acabaram com o Brasil. Para efeito de correção, vale dizer que, não foram os Economistas Puros, mas sim, aqueles formados na Escola de Chicago e também pelos ricardianos, que tendem a analisar o mercado pela "cor do dinheiro" e não, pela competência e trabalho árduo.

No quesito, "cor do dinheiro" vale esclarecer que, os pseudoeconomistas de Chicago e os pseudoeconomistas protestantes, consideram que, um país ao concentrar o poder do dinheiro em suas mãos, deterá para si, todas as riquezas geradas pelo poder produtivo das indústrias e do comércio. Dessa feita, se eles controlarem o setor produtivo e comercial via empréstimos gigantescos, com parcelas a perder de vistas, com taxas de juros flutuantes, toda a tecnologia desenvolvida, toda a infraestrutura montada e todos os trabalhadores-empresários estarão submetidos à sua vontade, se transformando em suas marionetes, no mercado, criando assim, um verdadeiro cárcere privado para esses.

Vale ressaltar que, essa ideia é a que perpassa pela cabeça dos "neoliberais" e que fez com que os Estados Unidos de Ronald Reagan e a Inglaterra de Margaret Thatcher implantassem o Neoliberalismo em escala mundial, após o colapso soviético, imposto pela CIA, o que resultou na derrocada total em que mergulhou a Nação Ianque e o Estado bretão, começado nos idos de 2008 e 2009, com prevalecimento no fracasso que se vê na atualidade, transformando-os em literalmente falando, em "batedores de carteira" ou, grupos de nações dadas ao saque, diante do avanço gigantesco da Rússia e da China, que recusaram a cair nessa tremenda alucinação neoliberal.

Esse quadro econômico catastrófico levou essas duas nações a recorrerem ao extremismo das armas, como a Guerra da Ucrânia, para tentar recuperar as suas respectivas direções no furor da tempestade, que hoje se abate, sobre a economia imaginária, saída da cabeça dos sem razão. No caso, os pseudoeconomistas ingleses, estadunidenses, alemães e seus séquitos de malucos.

Outro exemplo clássico dessa situação, foi o ocorrido durante a Revolução Francesa, eclodida em 1789. Os grandes pensadores afirmam que, durante essa revolução houveram dois golpes de Estado, dentro de um movimento armado só.

O primeiro articulado, foi orquestrado pelas castas sociais dominantes e realizado pela população contra o Regime Absolutista. Nesse caso, na primeira fase do conflito, seus articuladores pertencentes à burguesia, orientavam e encorajavam a população para conduzir a sublevação armada sempre adiante, atacando todas as frentes de combate e destruindo suas bases de defesa.

O segundo ocorreu durante o desenrolar do conflito. Ao perceberem que o risco do retorno dos absolutistas ao poder estava totalmente afastado, os burgueses, que já formavam a classe social dominante, deram um novo golpe, desta vez contra a população, lhes retirando todos os seus desejos de conquistas consolidadas na sua liberdade, essa ficando apenas nas palavras e no papel, como: liberdade, igualdade e fraternidade.

Enquanto o embate se desenrolava de maneira incontrolada, com os corpos da população se estatelando no chão sem vida, a burguesia assumia o poder total do País, fazendo valer a sua vontade e garantindo seus interesses, via estabelecimento de leis e decretos em seu favor.

No Brasil, para todos os efeitos, no jargão estratégico dos responsáveis pela "defesa nacional", "contra tudo e contra todos", o Golpe Militar de 1964, foi batizado de *"Operação Brother Sam"*, ou simplesmente, "Operação Irmãos do Tio Sam".

Tal projeto de dominação teve início, primeiro com a propagação da ideia estratégica da ameaça comunista. Esse foi o primeiro passo. Os propagadores dessa articulação ardilosa, afirmavam que, o objetivo dos seguidores de Vargas era implantar o "comunismo no Brasil".

A intenção desse estratagema era chamar a atenção e propagar o medo e a ira entre as castas inferiores, que faziam parte da grande massa da população ignorante e analfabeta política, espalhando a falsa ideia de que, todos os seus direitos de liberdade seriam suprimidos.

Além da supressão da liberdade, outro artifício disseminado, vinha de maneira concomitante, que era a extinção do credo, que se daria pelo fechamento de todas as igrejas e a destruição completa da veneração religiosa, marcada pela proibição de celebrações de adoração à presença do "deus fantasioso", no meio do povo.

Seguido desses, surgia outra manobra muito bem articulada, é bom que se diga, que sustentava que todas as propriedades privadas seriam destruídas e substituídas pelas áreas comunais, com posse e dominação total do Estado. Diante desses absurdos, sem quaisquer fundamentos plausíveis, imagina-se o pandemônio que se estabeleceu na mente de um monte de gente bastarda psicologicamente, e ignorante intelectualmente. O desespero foi geral e com ele, o golpe se tornou um sucesso total para seus articuladores, no caso da CIA, a mando da elite dominante dos Estados Unidos, o que, de fato, aconteceu no Brasil em 1964.

Estratagema desse tipo, sempre deu resultado positivo e sempre dará certo, em qualquer lugar do mundo onde exista grande massa de estúpidos. Basta ter uma boa quantidade de gente espalhafatosa, sensacionalista, portanto, ignorante política e socialmente falando.

No caso dos Estados Unidos, a cobaia inicial é o próprio povo estadunidense. Dividida em classes sociais distintas e muito bem segmentadas, abaixo da "elite", essa última, constituída de banqueiros e de grandes industriais desse país, só existem conflitos internos distribuídos entre movimentos radicais, divergentes e extremistas em todas as castas dessa Nação.

A união em torno de um país soberano e imperialista, se manifesta apenas por motivos de interesses velados entre os líderes e articuladores das castas, e da ideia de um só credo, fundamentado na existência de um "deus único". Esse é o denominador comum entre os estratos, mas diverso entre as formas de agir e pensar sobre esse deus concupiscênico, que cada seita religiosa adota e impõe entre seus adeptos, à sua maneira e de acordo com seus próprios interesses.

Na realidade, esse é um "deus único" objeto de interesses diversos, que cada estrato social subjugado aos ditames do pastor, imagina e impõe à sua existência. Essas são as condições que cada seita protestante estabelece para sua adoração, de acordo com seu modo de agir e pensar.

Assim, enquanto a baderna prospera no meio das castas sociais inferiores, a classe alta, que corresponde a 1% dessa população, abocanha até 76% da riqueza total desse país, conforme dados previstos pela Oxfam no Fórum Econômico de Davos em 2020, para o ano de 2021, publicados pela grande mídia global, especializada e sustentada pelos estudos científicos mais sérios e avançados que tratam do tema.

Outro tipo de ardil muito bem articulado na Nação Ianque, é a propagação da ideia da "democracia", que só é válida quando se pratica guerra contra outras nações do Planeta, para recrutar os jovens mais mal informados, enquanto que, em momentos de paz, cabe apenas a sentença do juiz que é sempre favorável às castas dominantes e da bênção do pastor, que, costumeiramente, de maneira reincidente, faz perpetuar o perdão para os esquemas e ardis praticados pela elite.

Não é de se estranhar que, por motivos dessas divergências vigentes entre as castas populacionais inferiores dos Estados Unidos, não existem movimentos sociais reivindicatórios trabalhistas ou por melhor distribuição de renda, ou até mesmo política, pois, lá nessa nação, a população opta por escolher, nas eleições, entre "seis ou meia dúzia", visto que, os dois Partidos, o Democrata e o Republicano, são as faces da mesma moeda, só que dividindo a efígie desse lado da moeda, ao meio.

Isso porque, os dois partidos defendem a mesma casta dominante, no caso, os 1% da população dessa Grande Nação.

Os conflitos que se visualizam nesse país, citando como exemplo, é apenas a briga, que se torna feia, quando morre um negro pelas mãos de um branco, ou um branco é declarado inocente pela justiça, quando mata um negro.

Na verdade, essa é a maior tirania velada de que se tem notícia e que se abate sobre uma sociedade que se diz, "democrata", aonde a população vive sob um verdadeiro cativeiro político, um cárcere político privado sob a batuta de leis parciais e ditatoriais, em pleno Século XXI!!!!

Mais uma entre as tantas montagens e factoides interessantes, criada por John Locke e seus asseclas, protestantes, renascentistas e iluministas, associados ao interesse de perpetuação do poder pela burguesia, de início, inglesa, se deu quando os mesmos selecionaram e classificaram os produtos em número de 69, que geravam os superlucros, ou lucros extraordinários, como queiram, que deveriam ter que passar a ser: sua produção, comércio, distribuição e controle, exclusivamente sob domínio da Inglaterra, conforme assevera o senhor Adam Smith em sua célebre obra "A Riqueza das Nações".

Segundo Sir Smith, tal estratégia foi criada pelos ingleses, para que o País Saxão tivesse condições suficientes, de sustentar sua supremacia econômica e política pelo mundo. Como essa Nação faz parte de uma ilha, ela precisava ter bons navios, um exército bem estruturado, treinado e sempre ativo, uma boa estratégia de dominação política e econômica, além de muito dinheiro, para financiar suas investidas pelo controle absoluto do Planeta.

Diante dessa necessidade, a estratégia montada pelos ingleses seria a de que, no âmbito político-econômico, esses 69 tipos de produtos que proporcionavam lucros extraordinários, deveriam ser produzidos, comercializados e transportados exclusivamente pelos ingleses e também por navios ingleses. Os demais tipos de mercadorias consideradas comuns que proporcionavam lucros normais, deveriam ficar liberados para a produção e comercialização pelas colônias inglesas, e também pelos demais países existentes na época, como uma forma de desafogar a pressão da dominação do Império britânico pelo mundo. Apenas o transporte desses produtos é que deveriam ficar a cargo exclusivo dos navios ingleses, visando garantir a manutenção dos soldados da Coroa trabalhando em tempos de paz, e que, em períodos de guerra, tais homens poderiam ser facilmente recrutados, passando a compor o exército do império britânico em tempo recorde, contra os opressores.

Foi dessa maneira, impedindo que as outras nações comerciassem tais produtos e se desenvolvessem economicamente, que os ingleses, segundo escritos de Marx, em "O Capital", impediram o desenvolvimento da Turquia na Eurásia, e na América do Sul, do

Paraguai, controlado agora pelos Estados Unidos, que assumiu o bastião das articulações ardilosas, iniciadas pela Inglaterra na América Latina, por meio da Doutrina Monroe.

Sobre a Guerra do Paraguai que aconteceu nas barbas dos países da América do Sul, cabe fazer um aparte.

2.1 A Guerra do Paraguai e suas implicações na Economia Política recente: breve resumo

Nas Américas do Sul e Central, a única tentativa de formação de mercado e expansão desenvolvimentista ocorreu com a República Paraguaia.

Tornando-se independente em 1811, o Paraguai sob os governos de José Gaspar Rodríguez de Frância – seu primeiro Presidente -, Carlos Lopez e Francisco Solano Lopez, entrou num processo pela busca do desenvolvimento econômico, via avanço tecnológico e convivência social, na proposta de criação de uma população altamente culta e educada, baseado na estruturação de um governo verdadeiramente de caráter estadista, com poder absoluto nas mãos do Estado, centrado numa boa distribuição da política agrária concatenada com o modelamento e fortalecimento da economia em praticamente, todos os seus subsetores.

No governo de Frância, este apoiado pela "massa camponesa mestiça e indígena, [...] desapropriou terras da Igreja e dos grandes latifundiários. As terras confiscadas, juntamente com as grandes áreas que pertenciam aos jesuítas até sua expulsão no século XVIII, em grande parte, foram arrendadas a baixo preço para os camponeses livres". (SILVA, 1992:157).

Além dessas medidas Frância implantou uma política absolutista com o poder centralizado no Estado. Assim cabia ao Estado controlar toda a atividade produtiva do país procurando evitar qualquer tipo de injustiça social.

> Os camponeses recebiam terras, gado e instrumentos de trabalho que eram fornecidos pelas 'estâncias da pátria' (fazendas estatais). As fazendas estatais eram verdadeiras unidades produtoras: praticava-se a agricultura, a pecuária e o artesanato como fonte de riqueza para o Estado. Funcionavam também para proporcionar trabalho à mão-de-obra assalariada. Assim não haveria desempregados nem desocupados no país. Com essa política Frância possibilitava a integração da massa humilde à economia nacional e evitava conflitos sociais.
>
> Com essa política o Estado tornou-se o regulador da produção, do consumo e da distribuição; estimulou a policultura de algodão, milho, tabaco, cana, legumes, trigo, frutas, etc. nas pequenas e médias propriedades. O intervencionismo estatal na economia visava a auto-suficiência do país em gêneros alimentícios e manufaturados. Daí o grande incentivo à indústria artesanal nacional. (Silva, 1992:157).

Para consolidar sua independência tanto política quanto econômica, o Paraguai, ainda sob o governo de Frância, fechou suas fronteiras, se isolando dos demais países da América Latina e da Europa. Acabou com o analfabetismo, se tornando o único país no continente a não possuir analfabetos, financiou o desenvolvimento econômico com capital próprio, não admitia a entrada de capital estrangeiro, principalmente o inglês, não aceitava ainda, a entrada de empresas estrangeiras no país.

Com Carlos López, sucessor de Frância, ainda sob controle estatal, foram construídas "estradas de ferro, estaleiros onde eram produzidos barcos à vela e a vapor, fábricas de papel, de pólvora, de louça, de tintas, etc". (Silva, 1992:157).

Já no governo de Francisco Solano López, filho de Carlos Lopez foi concedida bolsas de estudos na Europa "a jovens paraguaios e de lá importou técnicos, engenheiros e homens de ciências", para dar maior incremento à produção industrial. (Silva, 1992:158).

Nos três governos, de Frância, Carlos Lopez e Solano Lopez, o domínio da economia era todo estatal, uma vez que esses não confiavam em hipótese alguma no capital privado.

Com todas essas medidas, o Paraguai se tornou um exemplo de economia e de independência política para a América Latina, fazendo desse país a maior potência das Américas, não só econômica como também social.

Assim, o Paraguai já estava quase preparado tanto economicamente quanto militarmente para expandir suas fronteiras e dar início à sua empreitada de soberania plena, buscando a saída para o mar, e se tornando independente dos portos de países como a Argentina, principalmente, para exportar suas mercadorias.

Entretanto, a expansão e independência econômica paraguaia afetaram os interesses dos ingleses na América do Sul, que passou a considerar o Paraguai como um exemplo a não ser seguido dentro da América Latina.

> Os ingleses não podiam tolerar um país que, por meio de uma política excessivamente protecionista, impedia as importações de manufaturados estrangeiros.
>
> Para a Inglaterra, o modelo econômico paraguaio era muito perigoso e teria de ser destruído antes que nações como Brasil e Argentina o adotassem e se libertassem do jugo capitalista britânico. (Silva, 1992:157).

Por intermédio de articulações políticas, a Inglaterra, procurou colocar o Brasil, a Argentina e o Uruguai, num conflito contra a nação paraguaia. Essa guerra atingiu proporções gigantescas, o que acabou por se tornar no maior confronto armado da América do Sul, terminando com a destruição da maior potência da América Latina.

Da condição de país mais organizado e forte, política e economicamente, o Paraguai foi reduzido à uma condição de pobreza e miserabilidade sem precedentes.

Reclus apud Silva (1992:161) afirma que:

> Com o fim da guerra, cessada a ocupação, quase toda a terra paraguaia virou domínio público. Dono assim de uma imensa propriedade nacional, o governo a colocou à venda em 'léguas quadradas', conforme o valor das terras e a proximidade dos mercados. Os especuladores argentinos, ingleses e norte-americanos se lançaram sobre a presa sem respeitar pequenas glebas encravadas em suas aquisições, onde as famílias guaranis cultivavam o solo de geração em geração, sem nunca terem tido o trabalho e preocupação de constatarem seus títulos de propriedade. Sindicatos de traficantes de terra adquiriram

terrenos com dezenas, centenas e milhares de hectares a fim de revendê-los a um valor dez ou vinte vezes maior do que seu valor de compra. Foram feitas concessões de terra de mais de mil quilômetros quadrados. Em poucos anos, imensos descampados foram cedidos a proprietários ausentes e distantes, sendo que, por outra parte, nenhum camponês paraguaio podia cultivar o solo de sua pátria, sem pagar imposto aos banqueiros de Nova Iorque, Londres ou Amsterdã.

Em 1909 Barret apud Silva (1992:161) comovido com a situação do povo paraguaio e das condições do próprio país, após a guerra ainda observa:

> Por cruel exceção, a Guerra do Paraguai não apenas devastou e ensangüentou o país senão que o desfigurou por muito tempo. Castrou-o ao destruir os germes daquela briosa raça resplandecente das nobres figuras dos anciãos que a ela sobreviveram. As gerações que vieram depois foram plasmadas em moldes diferentes. Emergiam sob instituições, formalmente mais livres; os novos paraguaios, porém, bem lá em seu íntimo, são menos livres, menos vigorosos, mais indefesos, mais indolentes, mais propensos a vícios, mais incapazes de se emanciparem pelo próprio esforço, constituem hoje uma casta diferente, inferior. É outra nação, improvisada, ligada apenas formalmente à antiga. Para os atuais habitantes o progresso é difícil. Não é de se estranhar que a depressão nacional perdure tanto. Os traços característicos do povo foram modificados e desfeita a fisionomia da pátria. [...] O lar paraguaio é uma ferida que sangra, é um lar sem pai.

Normalmente, na época do predomínio do grande imperialismo britânico, esse é apenas um exemplo do que era reservado àqueles que desafiavam o poder das potências europeias. Esse tipo de ação e força se expandiu por todos os continentes do Planeta.

Vale lembrar que, essas características de Estado implantado por Frância no Paraguai, se assemelha muito ao poderio estatal e ao estadismo de seus habitantes, implantados na Alemanha e intensificado pelo se líder maior na época, senhor Oto Von Bismark, por intermédio do Cameralismo, o Cameralismo alemão, que marcou o desenvolvimento astronômico desse País, e que passou a fazer frente ao imperialismo inglês, o que culminou novamente, em outro conflito armado, desta vez espalhado pelo mundo e que foi denominado de 1ª e 2ª Grandes Guerras Mundiais.

Pelas características intrínsecas do mercantilismo, e depois, do pseudocapitalismo, os conflitos entre potências eram inevitáveis. Isso porque, no mercantilismo, cada nação tem a característica básica de crescer a partir do seio da nação, ou seja, de dentro para fora. Nessa concepção, o mercado externo é apenas uma extensão do mercado interno.

Enquanto as potências crescem com essas características, os países dependentes ou colônias crescem de forma contrária, de fora para dentro. Nesse aspecto, por exemplo, as nações periféricas ficam à mercê das mudanças e situações externas. Se o mercado externo cresce as nações periféricas crescem, impulsionadas pelo crescimento das nações mães. Se ocorrer o contrário, o mesmo acontecerá com as nações periféricas que tendem a acompanhar o cenário externo, com consequências econômicas mais atrozes na sua economia doméstica, do que ocorrem normalmente com as economias centrais, ou das sete elites, no caso G-7.

O maior fator condicionador de desenvolvimento interno das nações periféricas no pseudocapitalismo atual, é o de depender do crescimento do mercado externo para se desenvolver, visto que elas estão atreladas ao mercado das nações hegemônicas. Como quem manda no mercado internacional são as grandes potências ou sete elites, as nações periféricas tendem a se tornarem submissas e dependentes cada vez mais das grandes potências internacionais.

O grande erro do Paraguai ou dos seus três ditadores, foi desafiar essa lei do mercado internacional. O maior erro de Francisco Solano López foi intensificar o processo de expansão territorial paraguaia, no momento inoportuno, visto que, as forças armadas paraguaia, ainda era incipiente e não estava bem preparada para realizar uma investidura internacional de grandes proporções, como invadir concomitantemente os dois países mais populosos (Brasil e Argentina) da América do Sul, e mais, esses dois últimos, ligados e submissos aos interesses das potências internacionais, principalmente à Inglaterra, a maior interessada no fracasso paraguaio.

Embora bem militarizado internamente, o Paraguai apresentava sérias deficiências na sua Marinha, fator essencial de proteção às costas do país, e de combate em águas fluviais ou marítimas que, na época, era e ainda é hoje, um ponto decisivo, em qualquer conflito internacional.

A maior força paraguaia se concentrava em terra visto que, o Paraguai, é uma nação que não tem ligação direta com o mar.

> Às vésperas do conflito, o Paraguai dispunha de sessenta mil homens bem treinados e 400 canhões. Os recursos de transporte e abastecimento, porém, não atendiam às exigências de uma movimentação de tropas em campanha. A maioria dos canhões estava fixada na fortaleza de Humaitá, onde também se encontravam grandes efetivos de infantaria. Quanto às forças navais, essenciais para um país cuja única via de comunicação com o exterior era a bacia platina, López só dispunha de 14 pequenas canhoneiras fluviais.
>
> O Brasil podia lançar em campo 18.000 homens, dos quais oito mil estavam nas guarnições do sul; contava com uma força naval considerável e bem treinada, com uma esquadra de 42 navios, embora alguns deles, pelo calado, não fossem apropriados à navegação fluvial. A Argentina possuía apenas oito mil homens e não dispunha de uma marinha de guerra quantitativamente apreciável. As forças do Uruguai contavam menos de três mil homens, sem unidades navais. (Barsa, 2004:119-Vol. 11).

Assim, não é de se estranhar a afirmação de que, a situação da Guerra começou a se tornar favorável aos aliados - Brasil, Argentina e Uruguai - a partir da Batalha Naval do Riachuelo, ocorrida em 11 de junho de 1865, travada no Rio Paraná, onde a esquadra brasileira dizimou a marinha paraguaia. Se o Paraguai fosse possuidor de uma marinha bem equipada, talvez o desfecho da guerra tivesse sido diferente.

Nesse contexto, pode-se afirmar que, a estratégia de dominação global do pseudocapitalismo inglês e atualmente o dos Estados Unidos, apontada por Smith, e depois por Marx, é que joga por terra a questão do liberalismo econômico e o automatismo das forças de mercado, tão propalada pelos defensores das ideias clássicas e neoclássicas de nossos dias e que acabaram por levar a Economia dos Estados Unidos ao colapso no período 2008 - 2010.

Na verdade, liberalismo econômico e automatismo das forças de mercado nunca ocorreram, se caracterizando mais por serem jogos de palavras ou frases feitas, do que propriamente, uma estrutura econômica capitalista efetiva, nas relações de produção e comércio em escala global.

Outra armação criada e muito bem estruturada pela burguesia inglesa e depois estadunidense, é a relativa à mistura dos conceitos de capitalismo, com o de individualismo.

Em sua essência, o capitalismo é um sistema econômico complexo, autônomo, altamente desenvolvido e que passa por vários estágios de evolução, composição do seu processo produtivo, revezamento na sua liderança por mercadorias altamente avançadas, decorrentes da evolução tecnológica e geradora de superlucros, que ocorrem durante as etapas de produção de riquezas sociais.

Ele é um sistema estritamente econômico, autorregulado, versátil e dinâmico, podendo ser implantado e levado adiante por quaisquer modelos políticos, sejam eles: socialista, comunista, anarquista ou individualista.

Essa assertiva é tão verdade que, os países da atualidade que melhor aplicam os fundamentos do modelo econômico capitalista são a Rússia e a China, com maior destaque no meio de produção de riquezas e não de equipamentos bélicos, para a China, enquanto que à Rússia, se reserva a produção e desenvolvimento de armamentos ultrassofisticados mais avançados do mundo, por possuir atualmente, uma tecnologia incomparável nesse segmento.

Em termos práticos, vale acrescentar que, mais uma outra engenhosidade muito bem utilizada por parte dos países hegemônicos para garantir a sua supremacia política, econômica e militar sobre as nações subalternas, foram as proporcionadas pelos acordos celebrados na forma de um contrato, como o *Tratado de Methuen,* por exemplo, observado pelo senhor Smith em sua "A Riqueza das Nações".

Esse tratado era um tipo de contrato bilateral que rezava direito de exclusividade entre as duas nações envolvidas, no caso, Portugal e Inglaterra, sobre o abastecimento de vinho à Inglaterra por parte de Portugal, e à compra de tecidos ingleses pelos portugueses. Assim, enquanto os ingleses forneceriam tecidos para Portugal, os portugueses abasteceriam o mercado inglês com os seus vinhos.

A oportunidade do estabelecimento desse tipo de contrato se deu porque, a maior fornecedora de vinho de excelente qualidade para os ingleses eram os franceses. Pelo fato desses dois países entrarem em guerra, o abastecimento desse tipo de bebida ao mercado inglês, ficou prejudicado. A partir de então, passou a faltar vinho nesse mercado.

Ao perceberem isso, os portugueses que também, na época, eram grandes produtores de vinho, aproveitaram dessa oportunidade para fornecer esse tipo de produto à Inglaterra. Como havia o perigo da França voltar a fornecer tal bebida ao mercado inglês, depois do conflito terminado, os portugueses optaram por estabelecer um contrato de exclusividade, envolvendo o fornecimento dessa bebida aos ingleses, em troca do abastecimento dos tecidos ao mercado português pela Inglaterra. Eis aí o motivo do estabelecimento do Tratado de *Methuen* entre essas duas nações europeias.

O problema desse tipo de tratado para Portugal, segundo o senhor Adam Smith, se referia ao fato de que, enquanto a Inglaterra já era um país que tinha um sistema industrial maduro e extremamente avançado para a época, principalmente na produção e exportação de tecidos, as indústrias portuguesas eram incipientes, e, por isso, não geravam lucros na mesma proporção que o vinho poderia oferecer para os empresários portugueses, que quisessem inverter nesse tipo de produto.

O resultado dessa celeuma para o mercado português, foi a migração dos industriais portugueses que produziam produtos derivados dos tecidos e de outras mercadorias, para o plantio das parreiras e a consequente exclusividade na produção e exportação do vinho para os ingleses.

Entrementes, enquanto a oferta de produtos derivados dos tecidos e outras mercadorias caia vertiginosamente no mercado português, a demanda efetiva se mantinha a mesma, e por não dispor mais do fornecimento dessas utilidades, tal demanda se reprimiu significativamente nesse País.

Percebendo isso, os industriais ingleses resolveram se instalar em Portugal, visando atender essa demanda, fato esse que fez com que, no longo prazo, o mercado português passasse a ser dominado pelas industrias inglesas e se tornasse a sua semicolônia, situação essa que só foi parcialmente contornada quando a Inglaterra deixou de ser potência, e passou o seu bastão para os Estados Unidos que, apenas deu continuidade ao processo de dominação global, fazendo surgir o neocolonialismo.

Daí, o motivo da criação da estratégia de domínio e da incorporação teórica dos mercados internacionais pelas multinacionais, como o fator primordial do desenvolvimento dessas potências produtivas, gerando conflitos externos de toda natureza entre as indústrias, visando a posse e o abastecimento dos postos de compra e de venda, não de mercado, é bom que se diga, dos países periféricos.

A partir dessa constatação, os estabelecimentos de contratos dessa natureza entre as nações, foram incorporados nas suas estratégias de dominações de mercados, fortalecendo suas posições de potências hegemônicas, o que acabou definitivamente com os tipos de comércios multilaterais e de livre negociação. Foi assim que se intensificou e se consolidou também, a criação de monopólios, oligopólios em escala global, via estabelecimento dos acordos bilaterais e multilaterais de negociações, o que fez, aumentar significativamente o predomínio dos lobbys, conflitos de interesses, conluios e políticas de extermínio de nações, que pudessem oferecer concorrência direta aos produtos de interesse exclusivo de dominação, por parte das potências.

O que esse tipo de teoria não levou em conta, foram os gastos excessivos e perdas de recursos produtivos com a compra e distribuição de propinas entre os representantes "políticos" esparramados entre os três poderes: executivo, legislativo, judiciário mais o controle indireto das forças armadas, sem contar a mídia mercenária, encravada nessas novas semicolônias e no próprio seio das potências globais.

Entrementes, o próprio quadro parasitário impacta o desenvolvimento dessas multinacionais dentro desses países, além de comprometer toda sua infraestrutura econômica relacionada a investimentos em novas tecnologias, produção e distribuição de mercadorias com preços menores, fato esse último, que expõe a concorrência de suas mercadorias com produtos piratas nativos, produzidos a menores preços, e até, melhores condições de distribuição, trazendo enormes dificuldades para que tais multinacionais possam se estruturar adequadamente no interior dessas nações, e até mesmo, em seus próprios mercados de origem.

É assim que, grandes conglomerados industriais se acabam da noite para o dia, em virtude de sua capacidade estratégica de produção, desenvolvimento e recomposição no processo produtivo ficarem comprometidos com tais políticas de "parcerias", criado pelas "elites intermediárias" das nações subalternas, e mais outros 1%, que formam as elites hegemônicas que vivem de "renda".

Fato interessante, e que pode ser levado em consideração, citando como exemplo, na forma de analogia, é o comportamento do senhor Juan Carlos Ramirez Abadia, um dos maiores traficantes de drogas do mundo, e que foi preso no Brasil, no dia 07 de agosto de 2007, na operação realizada pela Polícia Federal, intitulada "Operação Farrapos". Nessa época os Estados Unidos ofereciam 05 milhões de dólares pela sua captura, valor esse que foi rejeitado pela Polícia Federal Brasileira.

Depois de ficar vários meses preso no Brasil, esse traficante de entorpecentes implorou para ser transferido para as prisões estadunidenses. Depois de transferido, e já alojado nesse País, com a segurança de sua vida devidamente garantida, ao ser interrogado pelos motivos de pedir sua extradição, esse afirmou em resposta aos seus interlocutores que, não aguentava mais pedidos de propinas por todos os envolvidos na sua guarda. A perseguição por propina era tanta, que ele alegou que nem dormir conseguia mais. Com medo de que lhe acontecesse algo pior, o mesmo pediu socorro ao país ianque para tirá-lo dessa situação.

No que se refere às questões econômicas, Sir Smith ainda evidencia que, os tipos de mercadorias que interessam às grandes potências e seus respectivos mercados, são aqueles que geram lucros extraordinários. Por seu turno, os produtos que geram lucros extraordinários, segundo esse brilhante economista, são aquelas mercadorias que detêm alta tecnologia, os chamados produtos *high tech*, de nossos dias, e mais aqueles produtos agrícolas que possuem demanda global, mas que só podem ser cultivados em determinadas regiões do Planeta, incluindo nessa relação, os minérios.

Podem-se citar como exemplo, os casos do: café, cacau, seringueira que produz o látex, matéria-prima da borracha, a cana-de-açúcar, o açaí, o guaraná, o petróleo, o lítio, dentre outros.

Esses produtos são chamados geradores de lucros extraordinários porque, além de sua utilidade, eles são de grande aceitação no mercado global. Acrescidos a esses atributos, há ainda o fato deles só poderem ser encontrados ou produzidos em determinadas regiões do mundo, os tornando extremamente raros. A utilidade dessas mercadorias ou matérias-primas, faz com que sua aceitabilidade seja mundial e que, acrescida da sua raridade, permitem a esses produtos oferecerem aos seus detentores, lucros elevadíssimos, muito acima do normal, daí porque gerarem lucros extraordinários.

Assim, nesse contexto, da sua parte, os produtos que geram lucros normais, as grandes potências deixam para os países periféricos produzirem e comercializarem, enquanto que, de outra maneira, as mercadorias e matérias-primas que promovem lucros extraordinários aos seus detentores, são de sua exclusividade: a propriedade e a comercialização dessas riquezas diferenciadas.

Detalhe importante a se considerar. Como o custo de implantação e desenvolvimento das tecnologias inovativas são caras, bem como o processo de plantio dos produtos agrícolas e das matérias primas que geram lucros extraordinários são elevadíssimos, esses só gerando lucro na etapa da sua comercialização e circulação no mercado, as grandes potências liberam as etapas de pesquisa, plantio e extração dessas mercadorias, para os países subdesenvolvidos ou neocolônias, se interessando apenas, pelo processo de venda e comercialização dessas riquezas, que os tratam de forma exclusiva, impedindo que as nações subalternas do terceiro mundo, assumam essa fase do ciclo de produção dessas utilidades, na condição de produto ou mercadoria, apropriando-se de toda a riqueza gerada por tais tesouros.

A maneira mais simples e barata de os países centrais realizarem essa proeza, se dá pela aquisição total dos produtos agrícolas, no seu estado bruto, já no local de sua colheita, como acontece com as *commodities* agrícolas, principalmente as produzidas pelo Brasil, que, na forma de empréstimos financeiros a perderem de vista, com taxas de juros flutuantes, criam uma espécie de cabresto, tornando esses países submissos aos seus interesses econômicos. No campo tecnológico, as nações centrais estabelecem parcerias entre suas universidades com as dos países periféricos, em fase de desenvolvimento, nas áreas de pesquisas e elaboração de alta tecnologia, com o direito garantido de exclusividade na exploração da industrialização e comercialização desse tipo de mercadoria.

Há ainda a ressalva de que, caso tais nações não aceitem esse tipo de negociação, os mesmos são colocados "fora de circulação", via destruição ou tentativa de eliminação de sua infraestrutura e bases de desenvolvimento desses produtos, como acontece atualmente contra a Rússia e a China, para tomarem a rota do comércio pelo Ártico, o gás natural e o petróleo da Rússia, e mais, a apropriação da sua tecnologia armamentista via deposição ou morte do senhor Vladimir Putin, em conjunto com a tomada de mercado e das tecnologias inovativas da China, mediante apoio e incentivos a conflitos bélicos e comerciais de toda natureza, contra essas duas grandes potências industriais, promovidas pelos países membros do G-7, sob o comando dos Estados Unidos, tudo criado e levado adiante pela Central de Inteligência dos Estados Unidos – CIA e com pressão militar oferecida pela Organização do Tratado do Atlântico Norte – OTAN, utilizando-se de marionetes adotados como "líderes" escolhidos a dedo, como o da Ucrânia, citando como exemplo, mediante aproveitamento da ingenuidade do povo ucraniano e euroasiático, para tal.

Vale acrescentar também que, as questões da monopolização, oligopolização, monopsonização, oligopsonização, os últimos do lado da demanda, são formados atualmente no mercado global, em decorrência do desejo e da ganância das multinacionais, agora, transnacionais, pela obtenção dos lucros extraordinários.

Esses fatores atuais, impedem que haja a criação do que os neoclássicos e monetaristas chamam de concorrência de livre mercado, ou ainda, a própria concorrência perfeita. Em essência, essas duas teorias não passam de mera ficção surgida na cabeça fértil dos pseudoeconomistas e seu séquito.

De volta ao tema "Capitalismo", conforme expõem Platão, Smith e Marx, cada qual à sua maneira, não existem vários tipos de capitalismo. O capitalismo é um só e se estabelece em escala global, onde cada país contribui com o melhor de si, com as mercadorias que melhor ele pode produzir e oferecer, em virtude - como deixam claro, novamente, os mesmos autores, -, do problema da sua incapacidade de produzir todos os recursos necessários à sua sobrevivência.

Isso porque, da mesma maneira que ocorre com um indivíduo, é praticamente impossível aos países, produzirem todos os tipos de mercadorias de que precisam. Assim, para sobreviverem, eles têm que negociarem entre si, independente do seu credo, política ou interesse.

Na realidade, o sistema político que as "elites" globais implantam e defendem em volta do mundo é o do individualismo e seus vícios, que se traduzem esses, na soberba, arrogância, prepotência, ganância, cobiça, crendices, recalques, distúrbios morais que, por incrível que possa parecer, eles consideram como virtudes – comportamentos esses tão nefastos e combatidos por Platão por intermédio de seus atributos de educação e cultura -, e que os mesmos gostam de camuflar dentro do capitalismo, como se esses fossem partes inerentes do próprio sistema.

Nesse contexto, as "elites" tentam fazer implicar que, se o modelo individualista e suas impudicícias fossem eliminados e substituídos por quaisquer virtudes ou regime político, seja ele: comunismo, socialismo, anarquismo ou outro sistema econômico-político que aparecer, o capitalismo capitularia junto.

Assim, a estratégia da "elite" global é de vender a ideia de um "pacote fechado" do capitalismo, embutindo no seu interior, todos os vícios, manias, pretensões e estratagemas inerentes aos seus próprios interesses de dominação, dentro dos padrões individualistas de ser.

Na verdade, não é isso que ocorre. No sistema capitalista puro prevalece apenas, as estratégias de planejamento, produção, distribuição e organização, que estão distribuídas nas plataformas de análises comportamentais, elaboradas e discutidas pelos trabalhadores-empresários, visando realizar a produção de mercadorias, com a participação de parceiros produtivos, no caso, os trabalhadores.

Ora, esse processo está presente em qualquer sistema político que possa existir. Capitalismo, no seu sentido lato, pode ser definido como, o sistema econômico de produção de riquezas sociais por intermédio da formação de conglomerados, complexos altamente organizados, enquanto que, o regime político trata, apenas e tão somente, da maneira como essa riqueza será distribuída de forma equânime, entre os membros da sociedade incluindo aí, as relações amistosas ou não, com as nações no mercado internacional. Daí porque, em consonância com os objetivos da política, a Economia ser definida como: a Ciência que se preocupa em produzir utilidades na forma de mercadorias, em quantidades excedentes, para viabilizar a troca das riquezas geradas no processo de produção capitalista, em escala nacional e internacional.

Em essência, quando as "elites" centrais fazem emanar essa sua maneira de pensar, o do individualismo embutido no capitalismo, o fundamento dela é a de se autoproteger dos movimentos contrários aos seus interesses, tentando embutir nas cabeças pensantes, a máxima de que, "se o individualismo cair, cai o capitalismo" ou, "se o capitalismo cair, cai o individualismo". Mas essa proposição é falsa.

Se o individualismo cair, isso não quer dizer que cairá o capitalismo, e se o capitalismo for à ruína, o que é praticamente impossível na Economia Pura, isso em nada afetará o individualismo.

Foram essas doutrinas totalmente equivocadas, camufladas como "políticas", que os intermediários revoltosos do Brasil, apresentantes como "elite", adeptos do falso "liberalismo radical", receberam das elites centrais. E tiveram que engolir tudo isso à força, oriundas das doutrinas propagadas pela alta sociedade dos países hegemônicos, lhes enfiadas, "goela abaixo" e refletindo nas suas mentes despreparadas de cidadãos mal formados, ignorantes, totalmente analfabetos politicamente falando, fazendo eclodir tais mazelas no seu cotidiano, que prevalece neste País, e que, infelizmente, também se vê repercutindo entre as classes inferiores, do mundo.

Esses meliantes "sociais" entendem que, aonde predomina a ignorância, a vida e os valores morais se tornam uma banalidade, e assim, os interesses escusos superabundam e a tirania impera. Disso decorre o interesse de se manter uma multidão de ignorantes "alfabetizados".

Daí a importância de se dar conhecimento para o povo, através da sua formação educacional e do emolduramento da sua cultura racional, tirando-o da caverna de Platão, para impedir que a tirania no seu meio impere, o que os torna escravos do casuísmo e dos interesses escusos, e, por outro lado, libertando-os da condição de lacaios. Os avanços sociais, devem ser efetuados por meio da sua evolução educacional e espiritual, lhes dando acesso à cultura para que se tornem intelectuais civilizados, segundo Platão.

No Brasil, o movimento imperialista é considerado como um processo de psicotização da população ignorante e analfabeta politicamente, porque, no caso de Getúlio Vargas, é de se admirar que o chamem de comunista, visto que, as suas ações políticas e integralistas, nada tinham de alinhamento com ideias, articulações ou defesas de teorias em comum com os grupos representantes do grande Bloco Soviético. Pelo contrário, ele era automaticamente capitalista, independente e de ideais próprios de se fazer uma nação, verdadeiramente soberana e altiva, no continente sul americano.

O maior problema da população brasileira não é que ela seja totalmente ignorante politicamente falando, mas sim, que a mesma pensa e age como se fosse um psicopata. Não há nada que a faça mudar de ideia, quando coloca uma paranoia, uma fantasia, uma pulga atrás da sua orelha. Isso porque, além de tudo, nos seus delírios ela não suporta ser chamada de estulta.

É fato histórico que, um dos chefes da polícia política do Presidente Vargas, inimigo atroz do comunismo, no caso, Filinto Muller, entregou a mulher do senhor Luís Carlos Prestes, que era militante do partido comunista brasileiro, de nacionalidade alemã, e de etnia judaica, no caso, a senhora Olga Benário Prestes, aos nazistas, durante a Intentona Comunista. Fato esse que a condenou, a morrer num campo de concentração destinada aos judeus por Hitler, durante a Segunda Grande Guerra Mundial.

Sabe-se que, a proposta de Vargas e seus seguidores, era claramente, a de buscar eliminar a pobreza e a injustiça social, que se alastrava de maneira incontida no campo econômico, social e político do País, dando direitos e garantia de liberdade aos trabalhadores, via desenvolvimento do setor produtivo, com fortalecimento das indústrias nacionais, da infraestrutura e da formação de um mercado consumidor dinâmico e perene. O próprio senhor João Goulart, presidente que substituiu Jânio Quadros, em virtude de sua renúncia, era um grande produtor rural, portanto, um ruralista, no período em que foi deposto pelo Golpe de 1964. Pasmem os senhores.

Outra característica das estratégias adotadas pelas "elites" globais sob a tutela dos Estados Unidos para se perpetuarem no poder, a exemplo dos ingleses, é o de estabelecer um sistema de combate aos seus adversários, de maneira forte, implacável, extremamente violenta e sanguinária, fazendo espalhar o terror, a miséria e a morte entre os inimigos de seus interesses. Tais medidas são levadas a cabo, como - além de exemplo de intimidação, destruição e morte de seus opositores -, uma forma de aviso aos seus adversários, contrários à sua forma de agir, na agenda global.

Mais uma maneira de justificar esse tipo de ação se dá por meio do estabelecimento do condão de "quem é o bandido e quem é o mocinho" na estória. Para isso, eles arrastam até o nome de "deus", coitado de Deus, no estratagema. No caso, eles são os fiéis representantes de "deus" e quem é oposição é a manifestação de Satanás. Tratamento típico dos protestantes a partir do Século XVI, vale lembrar.

Assim, cria-se um estereótipo que é disseminado pelas comunidades globais, por parte dos grupos protestantes, principalmente dos Estados Unidos, Alemanha e Inglaterra, de que, todo aquele que diz ser cristão deve ser "evangélico", seguidor do "seu evangelho", se não, é herege, portanto, é inimigo de seu "cristo", no caso, o seu deus concupiscênico.

Além dos artifícios costumeiros, que são meticulosamente empregados quando estão no poder, a maioria discutida acima, esses indivíduos, ainda contam com um aparato extremamente criativo e habilidoso em disseminar notícias falsas (fake News), que foram herdadas da Alemanha de Hitler, no caso a mídia global.

No caso da mídia, é ela que se encarrega de fazer a parte suja do negócio, que é o de tratar de espalhafatar toda a maracutaia criada, a ser levada adiante, transformando a vida da vítima num verdadeiro pandemônio, visando destroná-lo de sua posição de liderança, para poder depois, garantir o sucesso dos donos do poder pelo mundo.

A ideia central é fazer a disseminação da demonização de todas as castas sociais inimigas de seus interesses hegemônicos, criando-se uma verdadeira baderna, que funciona como cortina de fumaça, aonde no auge dos acontecimentos, os opositores são eliminados e/ou comprados, quando então, as mudanças são implantadas através de ardis de todo tipo, e os proveitos dos paladinos das maracutaias, se consolidam de maneira imperativa no meio do povo.

Essa foi mais uma das tantas estratégias adotadas pelos protagonistas do Golpe Militar de 64, acrescida da promoção da discórdia, considerada como necessária para garantir o sucesso entre os autores do levante, contra os princípios de liberdade e da dignidade de um povo, implantado pelas ações dos psicóticos, tão logo a balbúrdia eclodiu no seio da Nação Brasileira.

Isso se deu por meio da utilização dos contingentes armados, que tinha a missão de dar início à balbúrdia, e eliminar, camuflado na forma de combate, até se necessário, castas sociais inteiras, dos possíveis defensores do quadro institucional vigente.

Mais ainda, para dar suporte militar à orquestração mirabolante, os Estados Unidos destinaram *marines,* que ficaram nos navios ancorados próximos aos portos de Recife, no Estado de Pernambuco. Isso para, caso houvesse resistência, as forças armadas dos Estados Unidos invadiriam o país, espalhando morte e destruição para apoiar os paranoicos, visando garantir o sucesso do plano.

Ao perceber esse levante armado, João Goulart, para não ver sangue de brasileiro derramado em tamanha beligeração, resolveu renunciar ao cargo de Presidente e se exilar no exterior. Não satisfeitos com a renúncia, para evitar, na cabeça deles, possíveis embates futuros de resistência, os jagunços fardados deram início à matança, eliminando de maneira misteriosa, cruel e sanguinária, todos os que eles imaginassem, mesmo sem confirmação nenhuma, em suas intuições ou delírios, que fossem inimigos da "pátria da cabeça deles".

A balbúrdia não ficou só aí. No aspecto demográfico, os revoltosos eram ainda sectários da intuição analítica, generalista e inapropriada do pseudoeconomista e pastor protestante, senhor Thomas Malthus, conforme já frisado, de que, a população mundial tenderia ao excesso em termos quantitativos, o que geraria como consequência, um colapso social gigantesco, decorrentes do aumento da fome e da miséria em escala global, visto que, segundo ele, enquanto a população cresceria em progressão geométrica a alimentação cresceria em progressão aritmética.

Diante dessa intuição "profética" catastrófica, os lacaios dos Estados Unidos, defensores do Golpe, visionários da calamidade pública, fizeram uma projeção para o crescimento da população brasileira, de que, a partir da segunda metade da Década de 60 do século passado, até o ano 2000, no final do Século XX, a população brasileira atingiria um montante de 200 milhões de pessoas.

Mais ainda, alarmados com essa projeção, na intuição desses desatinados, como o Brasil era um país pobre, na cabeça deles, a tendência da Nação seria a de afundar numa calamidade pública sem igual, na história da humanidade. Diante dessa conclusão delirante, os mesmos deram início a um processo de mutilação de mulheres: negras, mulatas, cafuzas, pardas, jovens e pobres, que se engravidassem. Essas, quando procuravam, principalmente os hospitais públicos, com algum sintoma de gravidez, mesmo que não se confirmasse o prognóstico, eram sedadas, anestesiadas e de imediato, "esterilizadas".

Quanto aos movimentos estudantis que clamavam por maior quantidade de escolas, melhores condições de ensino e maior politização dos movimentos sociais, esses foram colocados na clandestinidade. Foram proibidas suas reuniões em público, e seus membros passaram a ser taxados de "arruaceiros", sendo, a partir daí, perseguidos, agredidos e, em alguns casos, mortos em todos os movimentos de protestos que participassem ou que pretendessem organizar.

A ideia que prevalecia entre os idealizadores e executores do Golpe, a mando dos Estados Unidos era a de que, as universidades e escolas públicas, ao invés de educar a população dos proletários e seus filhos, para serem meros trabalhadores, peças de reposição no de chão da fábrica, estavam preparando-os para se tornarem líderes sectários do comunismo, do anarquismo e da baderna generalizada. Pasmem os senhores(as).

Visando impedir tais tipos de movimentos foi proibido o ensino, nas escolas públicas e nas universidades de disciplinas como: Ciência Política, Sociologia, Filosofia e a Economia Política, que ficou esta última, totalmente ignorada e banida dos ensinos acadêmicos, principalmente, dos cursos de Economia.

A população foi proibida de ter o direito de pensar. A proposta era a de que, essa fosse preparada, apenas para fazer mover as máquinas e trocarem as peças, caso necessário, volta-se a observar, no chão das fábricas. Assim, deu-se início ao surgimento de analfabetos políticos, com diploma de bacharel(la), com conhecimento técnico, sem capacidade de pensar e debater de maneira proveitosa e sábia, todas as dificuldades de crescimento com desenvolvimento por que passava a Nação.

No que tange aos intelectuais, esses passaram a ser taxados de comunistas e incitadores da baderna. Os menos conhecidos da população foram severamente castigados e alguns mortos, enquanto que, os já consagrados pela opinião pública nacional, e até reconhecidos internacionalmente, tiveram que se exilar do País.

Assim, o Brasil foi recoberto por ondas do medo, da humilhação de camadas sociais inteiras, da violência e dos desmandos administrativos, jurídicos e políticos de toda natureza, o que marcou o fim do sonho da construção de um país independente, soberano, solidário e nobre, colocando-o à mercê da escuridão da ignorância da caverna de Platão, tão bem conceituada em "A República", expondo-as assim, ao entreguismo, a mesquinhez e a hipocrisia, que assolaram a Nação nos anos e décadas subsequentes.

Toda essa retórica serviu para que os defensores do antigo regime da República Velha, no caso, as classes mais abastadas do Brasil, os positivistas, sectários de Augusto Comte, Martinho Lutero, de Maquiavel, e de algumas correntes da Igreja Católica - de posse da cartilha de "como transformar um inimigo, qualquer ele que seja, na figura viva de Satanás" -, com o apoio fervoroso da mídia - que nessas horas é que ganha mais dinheiro de forma ardilosa, mesquinha e sem riscos -, contando ainda com os atos inescrupulosos dos militares, retornaram ao poder, mudando regras, impondo condições e destruindo toda a infraestrutura econômica e social desenvolvimentista, que tinha sido implantada no País, a partir do governo de Vargas, e as indústrias que prestavam, foram doadas para as multinacionais, citando como exemplo a Fábrica Nacional de Motores – FNM, conhecida popularmente como "Fenemê", legitimamente brasileira.

O mais interessante é que, nesse imbróglio todo, os Estados Unidos, protagonistas do Golpe, tão logo viram seus interesses se consolidarem no Brasil, foram os promotores da retirada dos militares do poder, onde passaram a apoiar as lideranças civis, clamando pelo retorno da "democracia" ou da Tirania Democrática Estadunidense, que está instalada pelo mundo. É a velha teoria do "morde e assopra" da Nação Ianque, que é, como eles afirmam, a "verdadeira paladina da democracia global".

Na verdade, a classe alta brasileira, responsável pela eliminação dos defensores da soberania nacional, na condição de intermediária do acesso direto às riquezas nacionais, pelas grandes empresas e bancos internacionais, além de ser utilizada como cobaia da experiência golpista, que logo seria implantada por toda a América Latina, utilizando o Brasil como "cabeça de praia", de onde partiriam todas as atrocidades políticas-ideológicas que abalaram a América do Sul, a partir de então, visando eliminar adversários da Doutrina Monroe, sempre cumpriu com galhardia, seu papel de pária do Brasil e lacaia do Governo Estadunidense.

Depois de consolidada a sublevação, o passo seguinte era justificar o ato. De acordo com o já frisado, dar apenas o Golpe não seria suficiente para sustentá-lo por parte dos amotinados.

Esse teria que ser justificado por meio de um equivalente ou até superior nível de desenvolvimento econômico e social, que se verificou no período imediatamente anterior - mesmo convivendo com as badernas patrocinadas pela CIA e pelos intermediários brasileiros das elites globais às riquezas nacionais, no caso, a classe alta -, durante o governo de Vargas e dos governos subsequentes, que seguiram seus princípios ideológicos e libertários.

A melhor maneira de se fazer isso era recorrer à seara econômica. Com o montante de dinheiro arrecadado para o financiamento da guerra imaginária, uma vez que essa não teve, os revoltosos resolveram aplicar o valor arrecadado nos setores estratégicos do Brasil, de maneira indiscriminada, para convencer a opinião pública de que a articulação perniciosa era necessária.

Assim, eliminadas as barreiras, apareceram quase que concomitantemente, as ações econômicas, que tinham por objetivo colocar "panos quentes" enchendo os bolsos dos adeptos e dos "indivíduos comprados", de benefícios financeiros, sinecuras e outras benesses, visando justificar a implantação do ato malévolo à Nação.

O que contribuiu grandemente para essa derrama de dinheiro que se tornou ocioso, visto que não foi gasto no Golpe, no meio político-econômico, segundo o brilhante trabalho do Professor Toledo (1988), foi a arrecadação do montante em espécie, junto aos patrocinadores do ato, no caso, o governo estadunidense e as multinacionais, como sendo necessário aos protagonistas e beneficiários diretos da ação, para financiar o levante. Foi assim que, nesse meandro, as principais multinacionais interessadas no domínio do mercado brasileiro e na destruição das empresas nacionais consideradas suas concorrentes diretas, financiaram o Golpe.

Tudo com o aval dos grandes paladinos "economistas liberais", formados nas universidades estadunidenses, inglesas e alemães adeptas do monetarismo, que nas décadas subsequentes, levaria os Estados Unidos e a Inglaterra ao colapso financeiro total, que eclodiu nesses países a partir de 2008.

Desejosos de mostrarem serviço e garantir que seus diplomas tinham alguma validade além de ocupar algum canto da parede, esses indivíduos doutores, "fidalgos" das elites centrais, devastaram toda a infraestrutura produtiva do País, inclusive as empresas genuinamente nacionais, para internacionalizarem todo o mercado brasileiro, substituindo-as pelas multinacionais, e a criação de conglomerados bancários externos, à serviço da especulação financeira e da cobrança de juros extorsivos da população. O sucesso do Golpe gerou um êxtase geral entre esses "sábios homens de negócios".

Nesse contexto, o que ocorreu realmente, foi o início da renúncia do Brasil em produzir riquezas, se tornando um produtor especializado na geração-de-ventos na forma de serviços, visto que, o setor serviço é totalmente improdutivo, uma vez que, esse ramo de atividade não produz excedente econômico configurado em mercadoria ou utilidade.

Assim foi que o Brasil saiu da condição de protagonista para o de figurante, no setor de desenvolvimento e crescimento econômico.

No caso dos serviços, toda a produção gerada pela força-de-trabalho do trabalhador é consumida durante a própria produção. Então, ele o é totalmente dependente do setor de produção de mercadorias, a verdadeira riqueza que uma sociedade pode gerar. Se o mercado permanecer nessa condição, ele tende a se exaurir no longo prazo, visto que a população é alijada de mercadorias no mercado interno, tornando o país totalmente dependente do mercado externo e exposto a esse.

Dessa forma, conforme relata o professor Toledo (1988), empresas multinacionais como a Shell, a Ford, a Fiat, a Chevrolet, a Volkswagen, a Nestlé e outras marcas que se consolidaram no País, imediatamente após o golpe militar de 64, financiaram de maneira concomitante, a destruição do parque industrial brasileiro, ainda na sua fase de formação e segmentação, estando incluída entre elas, a Fábrica Nacional de Motores – FNM, que produzia o caminhão, popularmente chamados de "Fenemê", dentre outros. É por isso que, depois desse disparate, até início da década de 90 do século passado, como forma de cumprimento da promessa de garantia do mercado, obtido com o financiamento do Golpe, só rodavam nas ruas brasileiras, carros das marcas: Ford, Fiat, Volkswagen e Chevrolet.

Na seara econômica eles fizeram isso através da implantação do programa chamado Plano de Ação Econômica do Governo – PAEG, criado pelos economistas Roberto Campos, Eugênio Gudin e Otávio Gouvêa de Bulhões, chamados de "liberais" na época, lacaios do poder e alinhados com o Golpe e que marcaram o início da internacionalização da economia brasileira, medidas essas, vale ressaltar, que resultaram no colapso econômico que se viu no País na década de 80 do século passado.

A ideia principal, segundo esses "economistas", era "flexibilizar" o mercado e criar meios para que as empresas multinacionais pudessem investir mais, e assim, poder gerar novos empregos no País, fato esse estranho, porque, na época do Golpe, e em período imediatamente anterior, o país desfrutava de pleno emprego.

Se houve ameaça de desemprego, tal situação decorreu do estado de baderna em que se transformou o País devido às ameaças políticas dos entreguistas, no caso, a elite agrária da República Velha, desejosos de voltar ao poder, vendidos aos interesses dos Estados Unidos.

Para isso, os mesmos acabaram com a estabilidade no emprego e em sua substituição, criaram o fundo de garantia por tempo de serviço - FGTS, o Programa de Integração Social – PIS e outras medidas como, por exemplo, a possibilidade de as empresas brasileiras contraírem dívidas no mercado internacional por intermédio de empréstimos em dólares, com taxas de juros flutuantes.

A proposta desse plano era "reformular" toda a economia, tornando-a mais aberta e definindo-a como "Economia de Mercado", tentando implantar no Brasil, a opinião fantasiosa, do "liberalismo econômico" total e irrestrito. (Ver a continuidade do debate, na obra do Autor: "Guerra da Ucrânia, os verdadeiros motivos de sua eclosão").

3 Por fim, a Proposta de Paz definitiva para a Guerra da Ucrânia

Antes de se dar início ao pressente debate, cabe abrir aqui um pedido de escusas ao público leitor, pela abertura dos dois capítulos acima.

Considerou-se que, isso foi necessário para demonstrar o quadro econômico e social que se instaura em uma nação tão logo esse "Estado" seja objeto das ações perniciosas praticadas pelos países imperialistas, conhecidos atualmente como Grupo do G-7, composto pela França, Itália, Japão, Canadá, Alemanha, Inglaterra e Estados Unidos. Todos liderados pelos Estados Unidos e seu maior assecla, a Inglaterra, seu cupincha inseparável.

Nesse estado de coisas, quando se fala em Estados Unidos, costumeiramente o indivíduo tem que incluir a Inglaterra junto, na condição de seu fiel escudeiro e cúmplice nas ações de dominação e controle da supremacia hegemônica da Nação Ianque.

Atualmente, essas nações encabeçam as forças militares, no caso, a Organização do Tratado do Atlântico Norte – OTAN, que trata de praticar o ato final, quando as tentativas políticas, econômicas e mediáticas, essas últimas compradas, que tem a função de difundir as notícias falsas, mediante pagamento de verdadeiras fortunas, pois, em tais investidas, se gastam centenas de bilhões de dólares com os simpatizantes, ou até, com a compra dos "líderes adversários" que, na verdade, são seus lacaios, e mesmo assim, tudo isso não dando resultado, eles invadem, matando, pilhando e dividindo os despojos, enfim: massacrando os oponentes libertários do cabresto armado, criado para ter sob seus grilhões, as pseudo nações ou neocolônias subalternas do terceiro mundo.

Num embate da natureza da Guerra da Ucrânia, não se deve recorrer ao pensamento da população mundial, uma vez que essa está corrompida e surpresa com tal acontecimento, visto que, ela não tem as informações mínimas confiáveis para emitir sua opinião sobre esse absurdo.

Na verdade, em momentos cruciais dessa natureza, o que vale é apenas a versão de quem domina os mercados econômico-financeiros por todo o mundo. No caso, os 1º que aplica seu dinheiro de maneira exploratória nos pseudo mercados distribuídos pelo Planeta.

Enfim, para se dar continuidade à presente análise, tem-se que identificar com maior propriedade, sobre quais grupos de indivíduos compõem esse 1º da população global visto que, conforme demonstra o relatório emitido pela Oxfam no Fórum Econômico de Davos em 2023:

> O 1% mais rico do mundo ficou com quase 2/3 de toda riqueza gerada desde 2020 – cerca de US$ 42 trilhões -, seis vezes mais dinheiro que 90% da população global (7 bilhões de pessoas) conseguiu no mesmo período. E na última década, esse mesmo 1% ficou com cerca de metade de toda riqueza criada. (https://www.oxfam.org.br/forum-economico-de-davos/a-sobrevivencia-do-mais-rico/)
> Acesso: 07/09/2023)

Pois bem, esse grupo é constituído pelos ateus, uma parte dos membros remanescentes dos antigos Templários, que se debelaram contra a Igreja Católica e passaram a odiar a "deus", como resultado dessa ter extinguido tal ordem, levando consigo verdadeiras fortunas em seus alforges para suas novas moradas nos Estados Unidos:

> [...] Devido às pressões do rei francês, o Papa Clemente V extinguiu a Ordem em 1312. Dois anos mais tarde, Geoffroy de Charnay e Jacques de Molay, o último grande mestre da Ordem do Templo, são condenados à fogueira, marcando o fim dos Templários. (https://www.todamateria.com.br/templarios).
> Acesso: 07/09/2023)

Outro amontoado que compõe tal casta, é formada pelos banqueiros e multimilionários judeus, remanescentes dos fariseus e saduceus, que formam atualmente, a casta superior judaica.

O terceiro bloco constitui-se de ricos industriais e banqueiros de linhagem protestante, a maioria estadunidense e inglesa. que tentam impor a "ordem de cristo" na versão protestante contra todos os povos da Terra, fazendo prevalecer a máxima do "sonho americano".

Todos estão reunidos, em sua quase que total maioria, na Nação Estadunidense e que se organizam por intermédio de um acordo tácito, onde cada grupo divide o mundo de acordo com seus interesses velados, e agem de maneira interdependente, se aglomerando apenas, quando necessário, para atuar em conjunto, como se fosse um grupo só, sempre que seus interesses são ameaçados por grupos rebeldes desejosos de liberdade plena, dos pseudo países subdesenvolvidos.

Pois bem, quem não segue a cartilha da tal "democracia" estadunidense e os fundamentos protestantes do "sonho americano", é taxado de rebelde, terrorista, herege e tem que ser exterminado da face da Terra, principalmente os "comunistas", pertencentes aos revolucionários da Revolução Bolchevique de 1917, que instituíram o Comunismo Stalinista no Poder da antiga União das Repúblicas Socialistas Soviéticas – URSS.

Daí o ódio, principalmente dos protestantes e seus "pastores" com alçada de "profetas de cristo", distribuídos praticamente por toda a Europa Ocidental, e que são orquestrados em suas ações pelas seitas desse conluio, sediadas na Nação Ianque, contra o povo russo e todos os outros países, declarados como hereges, que são contrários às suas mazelas. Nessas divagações, prevalece a "doutrina do cristo", o cristo deles, criado de acordo com a cabeça deles, contra todos os eslavos que compõem e compuseram esse grupo liderado pela Rússia atualmente, inclusive os ucranianos, esses últimos, utilizados como bucha de canhão pelo G-7, para eliminar os russos e depois tomar todas suas riquezas, visto que a Rússia é a maior potência natural da Terra, seguida pelo Brasil, que ocupa a segunda colocação em termos de riquezas naturais.

Contra os russos e a favor da lealdade da Ucrânia, os 1% da população do Planeta - confirmando a teoria marxista da centralização de capital e não acumulação de capital, que segundo Karl Heinrich Marx levaria as teorias malfadadas dos economistas ricardianos e monetaristas das escolas ocidentais, lideradas por Harvard, Chicago, MIT, Oxford, Cambridge, etc., e mais os componentes da Escola Austríaca, ao colapso -, utilizando a máxima que afirma que "inimigo de meu inimigo é meu amigo", alimentaram a vaidade, a arrogância e a prepotência do senhor Vladimir Zelenski numa guerra suicida contra a Rússia de Vladimir Putin, até que não sobre nem um ucraniano em pé, ou que acabem as munições da Rússia, jogando-a por terra, para que os endinheirados ocidentais, quintupliquem a sua fortuna se consolidando perpetuamente, no poder da Terra, e se transformando nos "Senhores da Guerra e Donos da Terra" para sempre.

Diante desse cenário macabro e de toda carnificina criada, é impressionante ver a insanidade do povo ucraniano com sua fé no ato de seguir e continuar seguindo um líder que se movimenta apenas em busca de holofotes e de possivelmente um papel de astro maior ou super herói em um grande filme de Hollywood.

Atualmente, a OTAN e a CIA já assumiram o controle do governo ucraniano, com o senhor Vladimir Zelenski atuando apenas como garoto propaganda da Guerra, a exemplo do que aconteceu no Brasil com o Golpe de 2016, onde se via os agentes da CIA e o próprio Steve Bannon desfilando livremente pelos gabinetes dos alto comando do Governo Brasileiro, onde controlavam as ações de seus fiéis agentes infiltrados, para garantir o sucesso de sua empreitada à frente da Operação Lava Jato e do afastamento do Lula, das Eleições que ocorreriam em 2018.

Os ucranianos e o mundo têm que entenderem que, para esses 1% que domina a Terra, eles são meros comunistas esfarrapados que, por ora, podem comer do resto de suas comidas que caem de seus pratos de cristais banhados de ouro, menos sentarem-se em torno de suas mesas polidas.

O plano da CIA e da OTAN, obteria sucesso total, com louvor, se a Rússia perdesse a guerra diante do sacrifício suicida dos ucranianos, pois assim, esses dois agentes ocidentais ganhariam a contenda sem gastar uma bala, assim como eles fizeram no Brasil, no Golpe de 2016, quando depuseram a senhora Presidente desse País latino americano, senhora Dilma Roussef.

A Putin, esse eles colocaram num mato sem cachorro. Isso porque, diante da pressão e da instalação das forças da OTAN em praticamente todas as fronteiras da Rússia, se essas se instalassem definitivamente na Ucrânia, como eles faziam entender, e o Putin não atacasse a Ucrânia, a população russa taxaria seu Presidente de covarde, frouxo, entreguista que permitiu que os maiores inimigos do povo russo, se instalassem nas portas de Moscou.

Se por outro lado, o Putin invadisse a Ucrânia, a CIA e a OTAN, utilizando-se da mídia tendenciosa, colocariam a opinião pública global contra o presidente russo, taxando-o de tirano imperialista, inimigo número 1 da liberdade e da paz, que foi o que realmente eles fizeram e aconteceu.

Agora, no frigir dos ovos, tanto os russos quanto os ucranianos, em piores condições os ucranianos, estão numa encruzilhada, sem ter para aonde ir visto que, ambos estão envolvidos numa guerra sem precedentes e apenas os mesmos, se essa continuar, é que perdem. Os russos, possivelmente, se perderem a guerra, poderão se transformar em verdadeiras republiquetas, todas pobres e miseráveis, e a Ucrânia, sair definitivamente do mapa, com seu povo se tornando apátrida, soltos pelo mundo, visto que, perderam suas terras para os tiranos democratas ocidentais, defensores da "liberdade", da "paz" e da "legítima fé" em seu "deus" [....] o "deus" deles, volta-se a frisar, que eles criaram à sua vontade, ao seu gosto e à sua tara.

Agora, a pergunta que se faz é: - Como é que os envolvidos podem sair dessa arapuca com as menores perdas possíveis, numa transação legítima de ganha – ganha?

Ganha os russos, ganha os ucranianos e ganha o mundo acabando de vez, com a guerra entre essas duas nações coirmãs?

É sobre isso que passar-se-á a tratar a seguir.

Da sua parte, a Rússia pode devolver todo o território ocupado para a Ucrânia, se essa se comprometer através de documentações legítimas e palavras honradas, que nunca mais atacarão os russos que possivelmente ocuparem essas regiões, com eles (russos e ucranianos), vivendo em comunidade, em paz, sem quaisquer tipos de agressões.

Os russos e ucranianos podem também transformar a Criméia numa região neutra onde tanto russos quanto ucranianos podem viver na mesma, onde essa Península seja transferida para o BRICS onde será instalada definitivamente, o Banco dos BRICS, que terão, por obrigação, criar uma moeda de cunho internacional a serem utilizadas pelos seus membros.

Essa é uma ideia originalmente criada pelo senhor John Maynard Keynes, que foi apresentada, mas rejeitada pelos Estados Unidos, no Tratado de Breton Woods, onde a Nação Ianque, não quis aceitar, por afirmar que essa poderia ser uma estratégia de espionagem e contraespionagem dos ingleses no Planeta.

Foi assim que prevaleceu o Dólar estadunidense, como a moeda única de transação global, fato esse que descaracterizou de vez, a capacidade da Economia em avaliar corretamente a riqueza mundial visto que, passou a existir um país com circulação livre pelo mundo, onde esse poderia usar e abusar de seu poderio de controle financeiro global, manipulando e mantendo os interesses das nações livres subordinadas aos seus desejos e aspirações, o que realmente ocorreu e se vê na atualidade.

Com a introdução de uma moeda global, a ser inaugurada pelo BRICS, esse problema desaparece, e ainda os países membros podem manter o controle dos reflexos do mercado externo sobre sua economia, por intermédio da utilização da política monetária interna, o que mitigaria os impactos negativos das movimentações dos países no mercado externo. A paridade seria o ouro, numa proporção de 100 por 1, ou seja, cada grama de ouro valeria A$ 100,00 (cem austrais) em moeda internacional, que os países membros poderiam contribuir, para formar um fundo internacional de recursos e apoiar as movimentações externas da economia em escala global.

O último passo a ser dado pela Ucrânia, seria essa entrar para o bloco do BRICS, com a garantia desse grupo poder recuperar a Ucrânia, via empréstimos subsidiados, com recursos próprios a serem oferecidos pelo Bloco. Assim estariam resolvidos os problemas da Rússia, da Ucrânia e de todo o Planeta, nessa região da Eurásia com a paz voltando a reinar.

4 Referências

BLAUG, M. *Metodologia da economia ou como os economistas explicam.* São Paulo: Edusp, 2016.

CÁCERES, F. *História Geral.* 3. Ed., São Paulo: Moderna. 1988.

FUCK, M. P. BONACELLI, M. B. M. *Atuação da Embrapa nos Mercados de Soja e Milho: Por que Manter Instituições Públicas de Pesquisa no Brasil?* In: Informações Econômicas, SP, v.36, n.10, out. 2006. Disponível em: www.iea.sp.gov.br › out. Acesso em: 30/11/2020

GREMAUD, A. P.; VASCONCELLOS, M. A. S. de; TONETO JR, R. *Economia brasileira contemporânea.* 4. ed. São Paulo: Atlas, 2002.

KENNEDY, P. *Ascensão e queda das grandes potências*, São Paulo: Campus, 1989.

SILVA, F. A. *História do Brasil: Colônia, Império, República*, São Paulo: Moderna, 1992.

SMITH, A. *A Riqueza das Nações: investigação sobre sua natureza e suas causas.* v. 1, (Coleção Os Economistas), São Paulo: Nova Cultural, 1996.

SOUZA, N. A. *O Colapso do Neoliberalismo.* São Paulo: Global Editora, 1995.

PAIXÃO, R. S. B. *Valoração Econômica de Recursos Ambientais: O Caso da Nascente do Rio Paraguai – Brasil.* Cuiabá: Amazon, 2017.

PAIXÃO, A. G. Os *Verdadeiros Fundamentos da Economia Política e Empresarial, V. I*, Cuiabá: Amazon, 2022

PLATÃO, *A República,* (Parte I) e (Parte II), Série Filosofar, São Paulo: Escala Educacional, 2006.

TOLEDO, C. N. *O governo Goulart e o Golpe de 64.* V. 48, Coleção Tudo é História, São Paulo: Brasiliense, 1982.